Impressum
Verlag: BABADADA GmbH, Nedderfeld 112 , 22529 Hamburg
Geschäftsführer / Verlagsleitung: Harald Hof
Druck: Books on Demand GmbH, In de Tarpen 42, 22848 Norderstedt

Imprint
Publisher: BABADADA GmbH, Nedderfeld 112 , 22529 Hamburg, Germany
Managing Director / Publishing direction: Harald Hof
Print: Books on Demand GmbH, In de Tarpen 42, 22848 Norderstedt, Germany

skole

школа

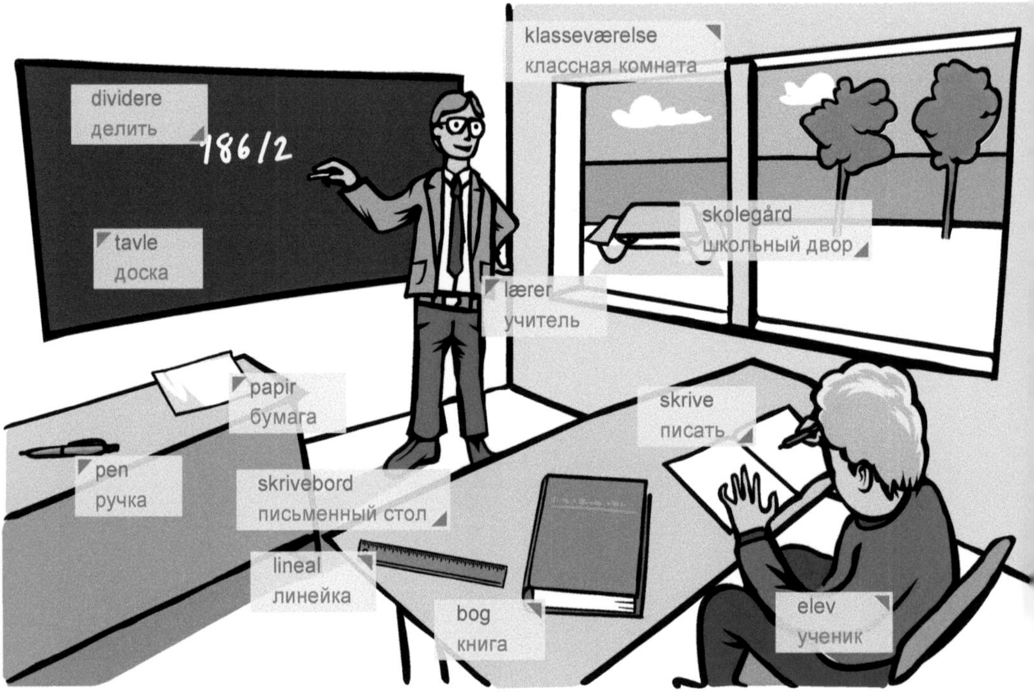
klasseværelse
классная комната
dividere
делить
186/2
tavle
доска
skolegård
школьный двор
lærer
учитель
papir
бумага
skrive
писать
pen
ручка
skrivebord
письменный стол
lineal
линейка
bog
книга
elev
ученик

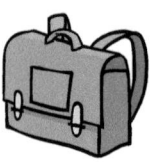

skoletaske

ранец

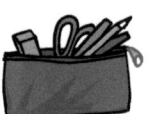

penalhus

пенал

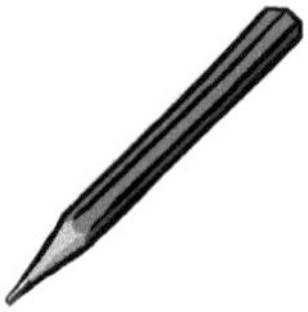

blyant

карандаш

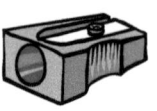

blyantspidser

точилка

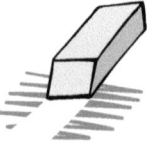

viskelæder

ластик

tegneblok

альбом для рисования

tegning

рисунок

pensel

кисточка

æske med vandfarver

коробка красок

saks

ножницы

lim

клей

opgavehefte

тетрадь

lektie

домашняя работа

tal

цифра

2+2

addere

прибавлять

5-2

subtrahere

вычитать

2×2

multiplicere

умножать

regne

считать

A

bogstav

буква

ABCDEFG
HIJKLMN
OPQRSTU
VWXYZ

alfabet

алфавит

ord

слово

tekst

текст

læse

читать

kridt

мел

time

урок

klasseprotokol

классный журнал

eksamen

экзамен

karakterbog

диплом

skoleuniform

школьная форма

uddannelse

образование

leksikon

энциклопедия

universitet

университет

mikroskop

микроскоп

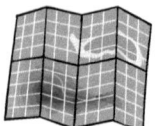

kort

карта

papirkurv

корзина для бумаг

hotel
гостиница

Grand

herberg
турбаза

ROOMS

vekselkontor
пункт обмена валюты

ECHANGE

kuffert
чемодан

bil
автомобиль

sprog

язык

ja / nej

да / нет

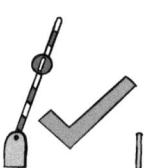

okay

хорошо

hej

Привет

oversætter

переводчик

tak

Спасибо

hvad koster…?

Сколько стоит…?

Jeg forstår ikke

Я не понимаю

problem

проблема

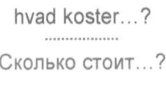

God aften!

Добрый вечер!

God morgen!

Доброе утро!

God nat!

Доброй ночи!

farvel

До свидания

retning

направление

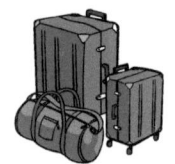

bagage

багаж

taske

сумка

rygsæk

рюкзак

gæst

гость

værelse

комната

sovepose

спальный мешок

telt

палатка

turistinformation

туристическая информация

strand

пляж

kreditkort

кредитная карточка

morgenmad

завтрак

middagsmad

обед

aftensmad

ужин

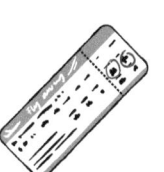

billet

билет

elevator

лифт

frimærke

почтовая марка

grænse

граница

told

таможня

ambassade

посольство

visum

виза

pas

паспорт

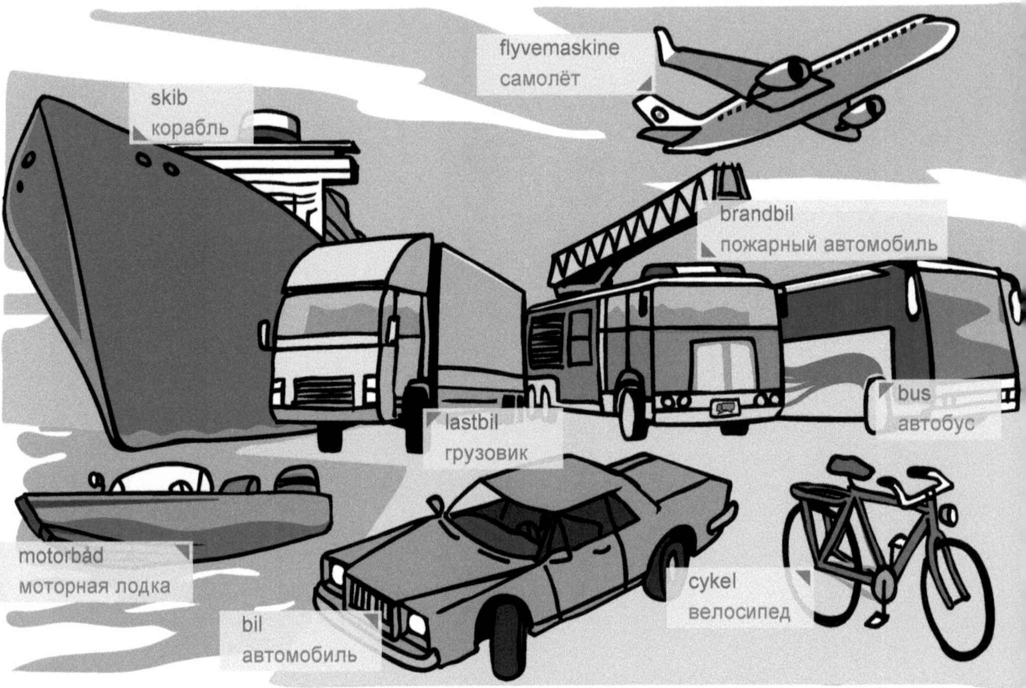

flyvemaskine
самолёт

skib
корабль

brandbil
пожарный автомобиль

bus
автобус

lastbil
грузовик

motorbåd
моторная лодка

cykel
велосипед

bil
автомобиль

færge

паром

båd

лодка

motorcykel

мотоцикл

politibil

полицейский автомобиль

racerbil

гоночный автомобиль

lejebil

арендованный
автомобиль

samkørsel

совместное пользование
автомобилями

kranbil

буксировочный
автомобиль

skraldebil

мусоровоз

motor

двигатель

benzin

топливо

tankstation

заправка

trafikskilt

дорожный знак

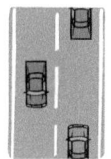

trafik

движение

trafikprop

пробка

parkeringsplads

автостоянка

banegård

вокзал

skinner

рельсы

tog

поезд

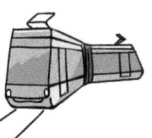

sporvogn

трамвай

wagon

вагон

helikopter

вертолёт

lufthavn

аэропорт

tårn

вышка

passager

пассажир

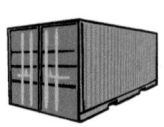

container

контейнер

karton

коробка

kærre

тележка

kurv

корзина

starte / lande

взлетать / приземляться

by

город

landsby

деревня

bymidte

центр города

hus

дом

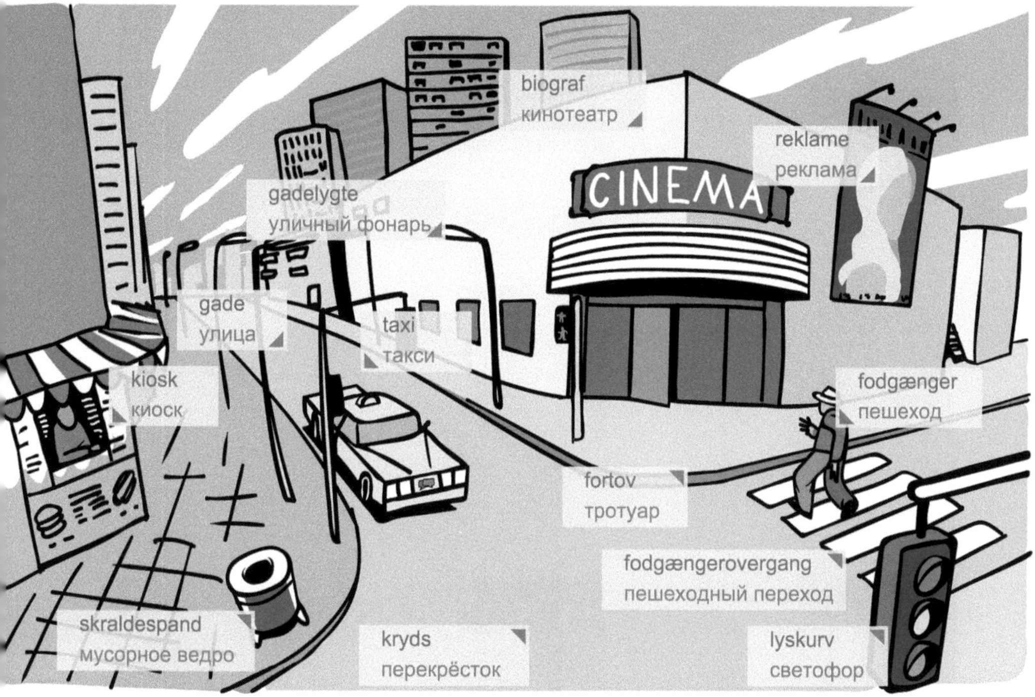

biograf
кинотеатр

reklame
реклама

gadelygte
уличный фонарь

CINEMA

gade
улица

taxi
такси

fodgænger
пешеход

kiosk
киоск

fortov
тротуар

fodgængerovergang
пешеходный переход

skraldespand
мусорное ведро

kryds
перекрёсток

lyskurv
светофор

hytte

хижина

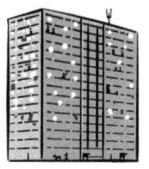

lejlighed

квартира

banegård

вокзал

rådhus

ратуша

museum

музей

skole

школа

universitet

университет

bank

банк

sygehus

больница

hotel

гостиница

apotek

аптека

kontor

офис

boghandel

книжный магазин

butik

магазин

blomsterbutik

цветочный магазин

supermarked

супермаркет

marked

рынок

stormagasin

универмаг

fiskehandler

торговец рыбой

butikscenter

торговый центр

havn

порт

park

парк

bænk

скамейка

bro

мост

trappe

лестница

undergrundsbane

метро

tunnel

тоннель

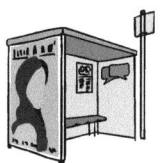

busstoppested

автобусная остановка

barnevogn

бар

restaurant

ресторан

postkasse

почтовый ящик

vejskilt

табличка с названием
улицы

parkometer

паркометр

zoo

зоопарк

badeanstalt

бассейн

moske

мечеть

bondegård

ферма

miljøforurening

загрязнение окружающей среды

kirkegård

кладбище

kirke

церковь

legeplads

детская площадка

tempel

храм

landskab

ландшафт

blad
лист

vejviser
дорожный указатель

vej
дорога

eng
луг

sten
камень

træ
дерево

vandrer
путешественник

flod
река

græs
трава

blomst
цветок

dal

долина

bjerg

гора

sø

озеро

skov

лес

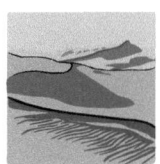

ørken

пустыня

vulkan

вулкан

slot

замок

regnbue

радуга

svamp

гриб

palme

пальма

moskito

комар

flue

муха

myre

муравей

bi

пчела

edderkop

паук

bille

жук

frø

лягушка

egern

белка

pindsvin

еж

hare

заяц

ugle

сова

fugl

птица

svane

лебедь

vildsvin

кабан

hjort

олень

elg

лось

dæmning

плотина

vindmølle

ветряной генератор

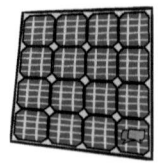

solcellemodul

солнечная батарея

klima

климат

tjener
официант

spisekort
меню

stol
стул

suppe
суп

pizza
пицца

bestik
столовые приборы

borddug
скатерть

forret

закуска

hovedret

главное блюдо

dessert

десерт

drikkevarer

напитки

mad

еда

flaske

бутылка

fastfood

фастфуд

streetfood

уличная еда

tekande

чайник

sukkerdåse

сахарница

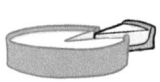

portion

порция

espressomaskine

кофеварка

barnestol

детский стульчик

faktura

счет

tablet

поднос

kniv

нож

gaffel

вилка

ske

ложка

teske

чайная ложка

serviet

салфетка

glas

стакан

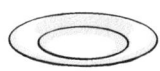

tallerken

тарелка

dyb tallerken

суповая тарелка

underkop

блюдце

sovs

соус

saltbøsse

солонка

peberkværn

мельница для перца

eddike

уксус

olie

масло

krydderier

специи

ketchup

кетчуп

sennep

горчица

mayonnaise

майонез

supermarked
супермаркет

tilbud
специальное предложение
FOR
kunde
покупатель
mælkeprodukter
молочные продукты
frugt
фрукты
indkøbsvogn
тележка для покупок

BUTCHERS

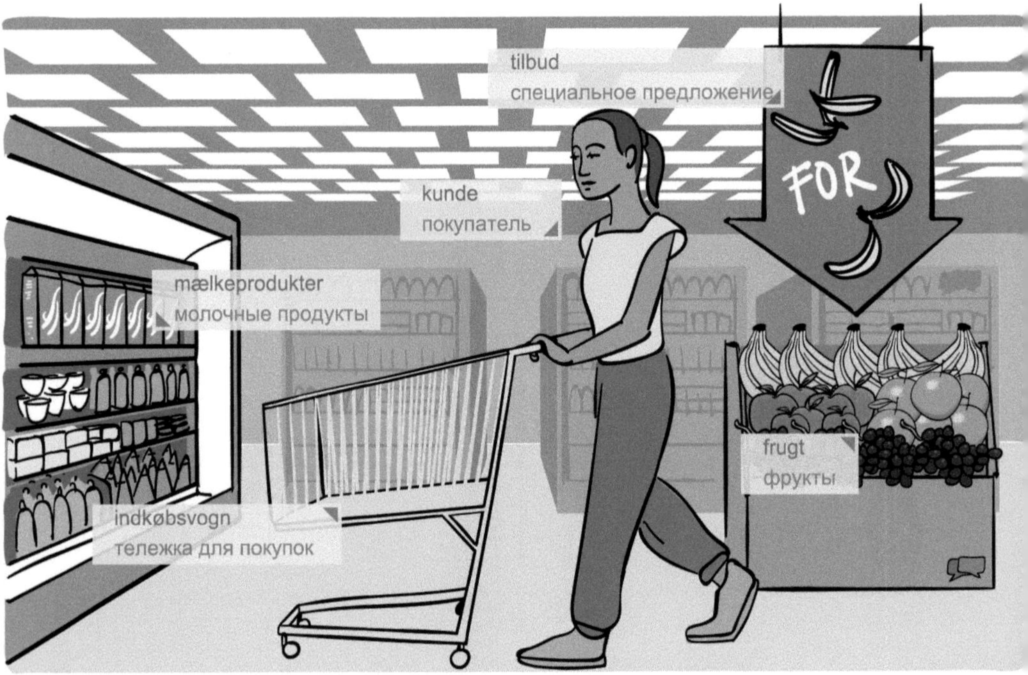

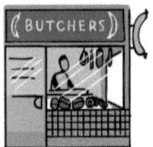

slagter

мясной магазин

BAKERY

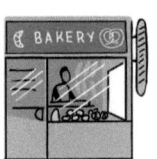

bageri

пекарня

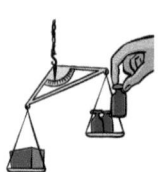

veje

взвешивать

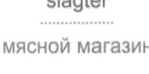

grøntsager

овощи

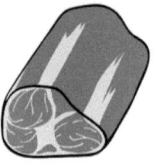

kød

мясо

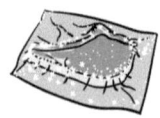

frostvarer

быстрозамороженные продукты

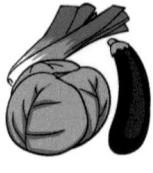

pålæg

нарезка

konserves

консервы

vaskemiddel

стиральный порошок

slik

сладости

husholdningsvarer

предмет домашнего обихода

rengøringsmidler

моющее средство

ekspedient

продавщица

kasse

касса

kasserer

кассир

indkøbsliste

список покупок

åbningstider

время работы

tegnebog

бумажник

kreditkort

кредитная карточка

taske

сумка

plasticpose

полиэтиленовый пакет

vand

вода

saft

сок

mælk

молоко

cola

кока-кола

vin

вино

øl

пиво

alkohol

алкоголь

kakao

какао

te

чай

kaffe

кофе

espresso

эспрессо

cappuccino

капучино

banan

банан

æble

яблоко

appelsin

апельсин

melon

арбуз

citron

лимон

gulerod

морковь

hvidløg

чеснок

bambus

бамбук

løg

лук

svamp

гриб

nødder

орехи

nudler

лапша

spaghetti

спагетти

ris

рис

salat

салат

pomfritter

картофель фри

stegte kartofler

жареный картофель

pizza

пицца

hamburger

гамбургер

sandwich

сэндвич

schnitzel

шницель

skinke

ветчина

salami

салями

pølse

колбаса

kylling

курица

steg

жаркое

fisk

рыба

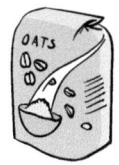

havregryn

овсяные хлопья

mysli

мюсли

cornflakes

кукурузные хлопья

mel

мука

croissant

круассан

rundstykke

булочка

brød

хлеб

toast

тост

kiks

печенье

smør

масло

kvark

творог

kage

пирог

æg

яйцо

spejlæg

яичница

ost

сыр

is

мороженое

sukker

сахар

honning

мёд

marmelade

мармелад

nougat-creme

крем с нугой

karry

карри

bondegård

ферма

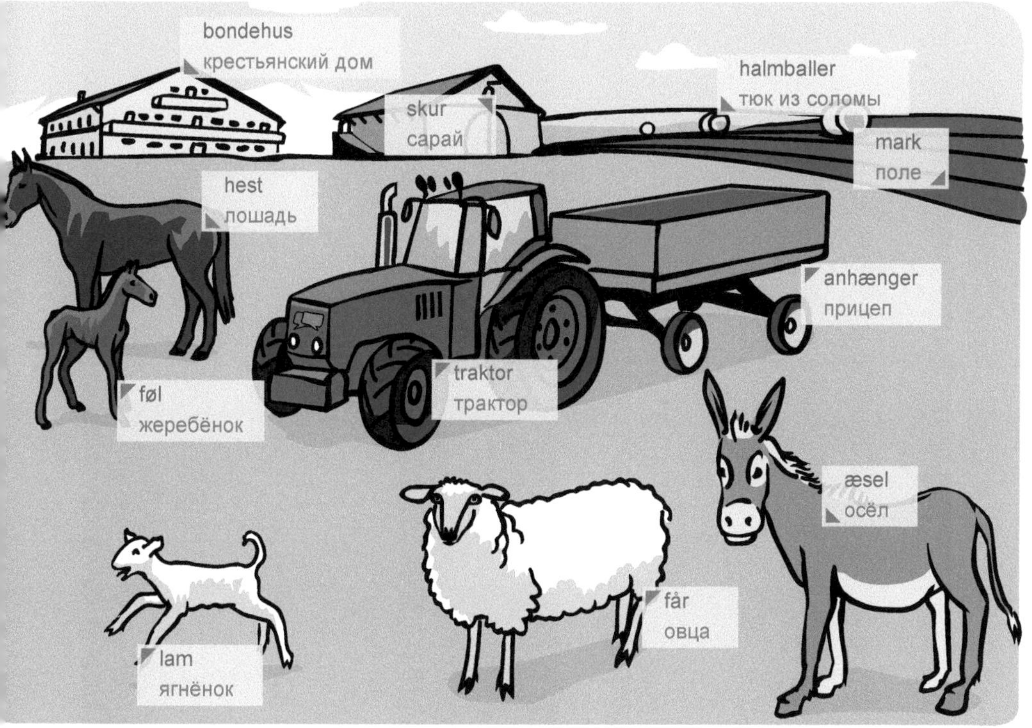

bondehus
крестьянский дом
skur
сарай
halmballer
тюк из соломы
mark
поле
hest
лошадь
anhænger
прицеп
føl
жеребёнок
traktor
трактор
æsel
осёл
får
овца
lam
ягнёнок

ged

козa

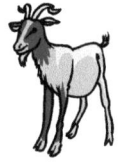

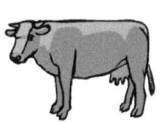

ko

корова

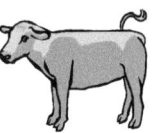

kalv

телёнок

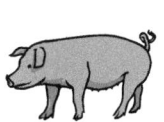

svin

свинья

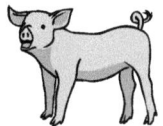

gris

поросёнок

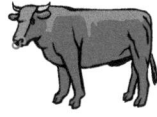

tyr

бык

gås

гусь

and

утка

kylling

цыплёнок

høne

курица

hane

петух

rotte

крыса

kat

кошка

mus

мышь

okse

вол

hund

собака

hundehus

конура

haveslange

садовый шланг

vandkande

лейка

le

коса

plov

плуг

segl

серп

hakkejern

мотыга

møggreb

навозные вилы

økse

топор

trillebør

тачка

trug

корыто

mælkekande

бидон для молока

sæk

мешок

hæk

забор

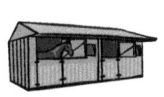

stald

хлев

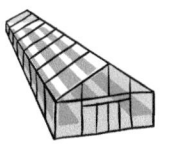

drivhus

теплица

jord

почва

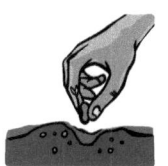

frø

посев

gødning

удобрение

mejetærsker

комбайн

høste

собирать урожай

høst

урожай

yams

ямс

hvede

пшеница

soja

соя

kartoffel

картофель

majs

кукуруза

raps

рапс

frugttræ

фруктовое дерево

maniok

маниок

korn

злаки

skorsten
дымоход

tag
крыша

tagrende
водосточный желоб

vindue
окно

garage
гараж

dørklokke
звонок

dør
дверь

skraldespand
мусорное ведро

postkasse
почтовый ящик

have
сад

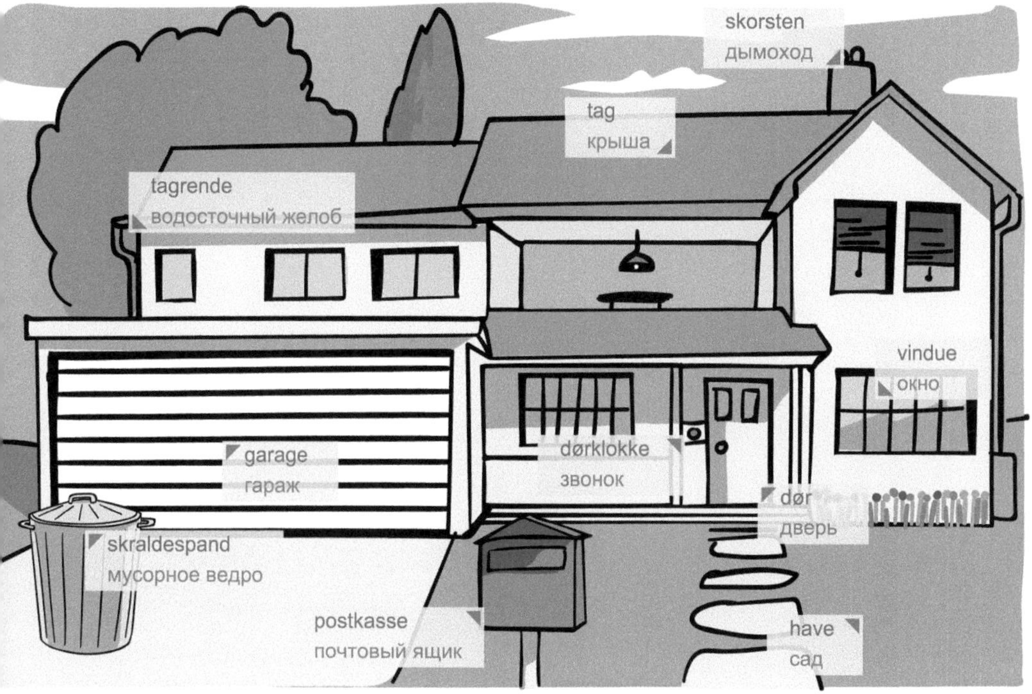

stue

гостиная

badeværelse

ванная комната

køkken

кухня

soveværelse

спальня

børneværelse

детская комната

spisestue

столовая

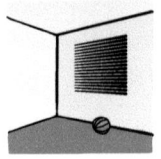

gulv

пол

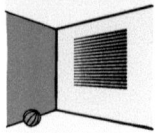

væg

стена

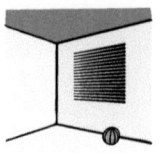

loft

потолок

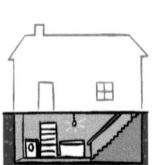

kælder

подвал

sauna

сауна

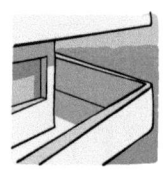

altan

балкон

terrasse

терраса

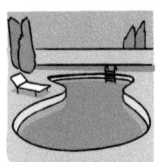

svømmehal

бассейн

plæneklipper

газонокосилка

dynebetræk

пододеяльник

dyne

покрывало

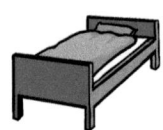

seng

кровать

kost

метла

spand

ведро

kontakt

выключатель

stue

гостиная

tapet
обои
billede
рисунок
lampe
лампа
reol
полка
skab
шкаф
fjernsyn
телевизор
pejs
камин
blomst
цветок
pude
подушка
sofa
диван
vase
ваза
fjernbetjening
пульт дистанционного управления

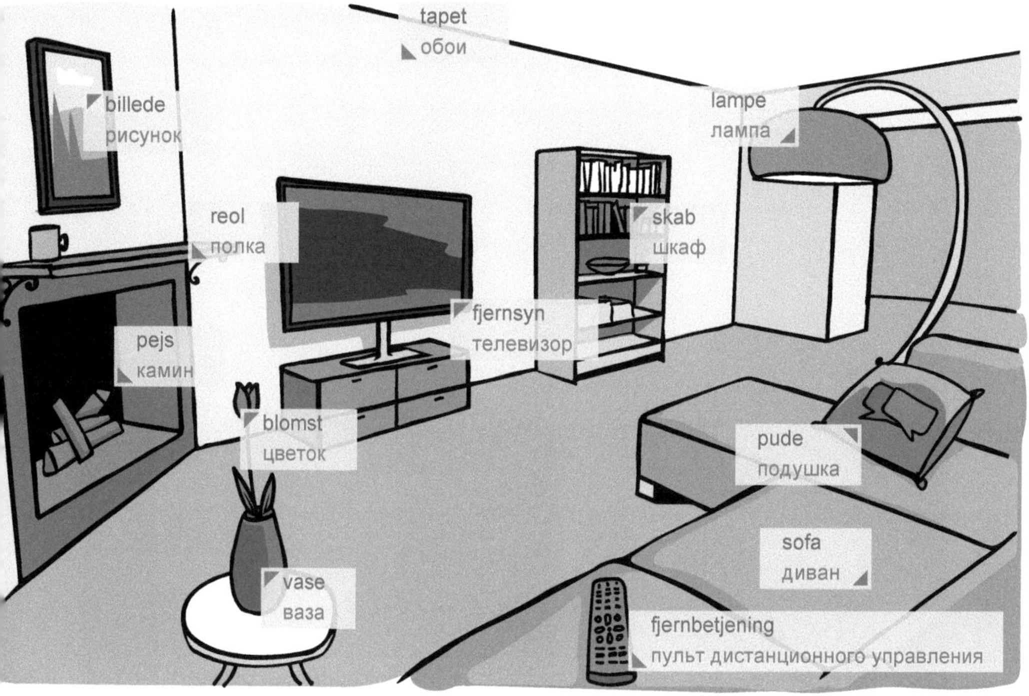

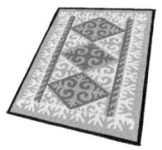

gulvtæppe

ковёр

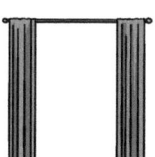

gardin

штора

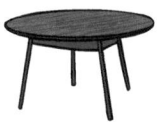

bord

стол

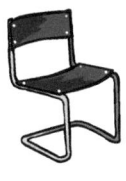

stol

стул

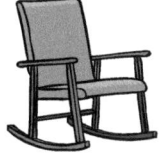

gyngestol

кресло-качалка

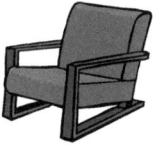

lænestol

кресло

bog

книга

tæppe

покрывало

dekoration

украшение

brænde

дрова

film

фильм

stereoanlæg

стереосистема

nøgle

ключ

avis

газета

maleri

картина

plakat

плакат

radio

радио

notesblok

блокнот

støvsuger

пылесос

kaktus

кактус

lys

свеча

køkken

кухня

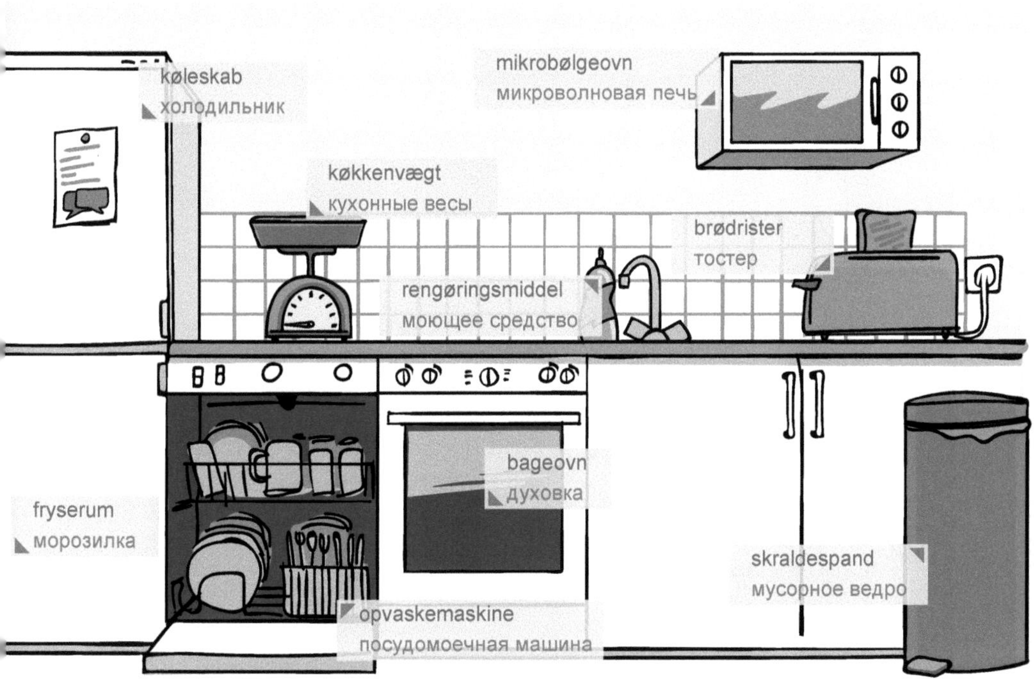

køleskab
холодильник
mikrobølgeovn
микроволновая печь
køkkenvægt
кухонные весы
brødrister
тостер
rengøringsmiddel
моющее средство
bageovn
духовка
fryserum
морозилка
skraldespand
мусорное ведро
opvaskemaskine
посудомоечная машина

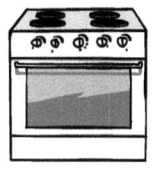

komfur

плита

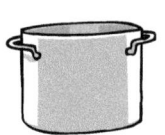

gryde

кастрюля

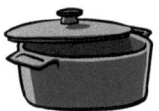

jerngryde

чугунный котелок

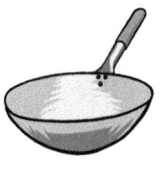

wok / kadai

вок / кадай

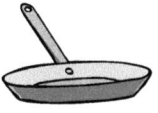

pande

сковорода

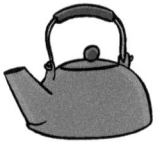

elkedel

чайник

dampkoger

пароварка

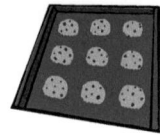

bageplade

противень

service

посуда

bæger

кружка

skål

миска

spisepinde

палочки для еды

øseske

половник

paletkniv

лопатка

piskeris

сбивалка

dørslag

сито

si

сито

rive

тёрка

morter

ступка

grille

гриль

ildsted

костёр

skærebræt

доска

kagerulle

скалка

proptrækker

штопор

dåse

жестяная банка

dåseåbner

консервный нож

grydelap

прихватка

køkkenvask

раковина

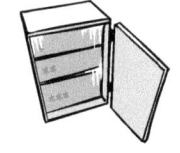

børste

щетка

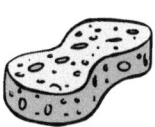

svamp

губка

blender

миксер

dybfryser

морозильная камера

sutteflaske

бутылочка для кормления

vandhane

кран

badeværelse

ванная комната

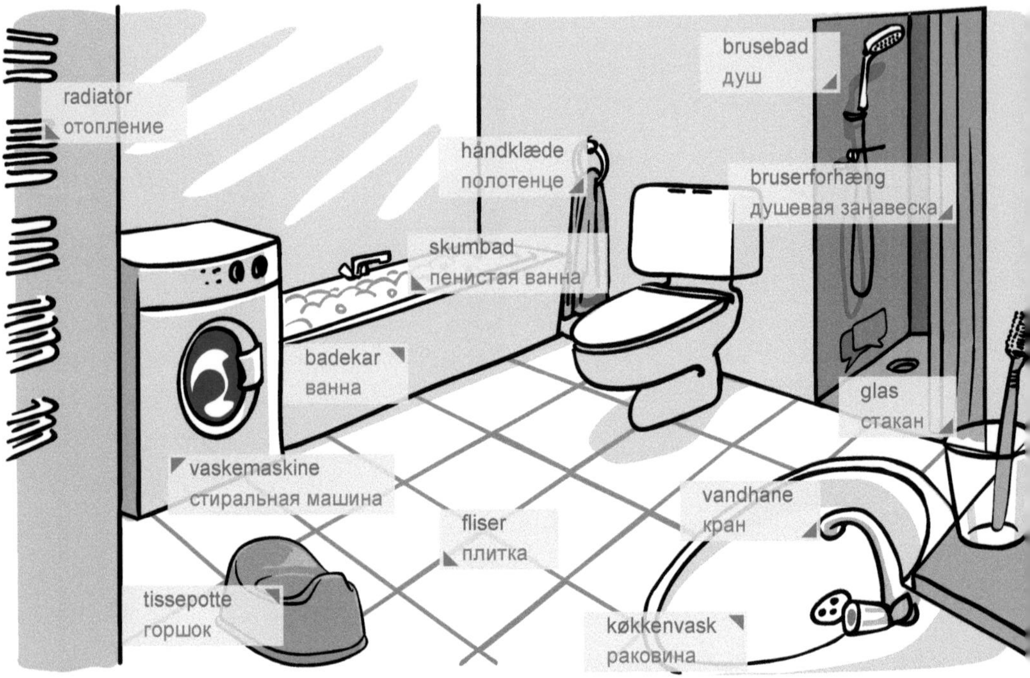

brusebad
душ

radiator
отопление

håndklæde
полотенце

bruserforhæng
душевая занавеска

skumbad
пенистая ванна

badekar
ванна

glas
стакан

vaskemaskine
стиральная машина

fliser
плитка

vandhane
кран

tissepotte
горшок

køkkenvask
раковина

toilet
туалет

hugsiddende toilet
напольный унитаз

bidet
биде

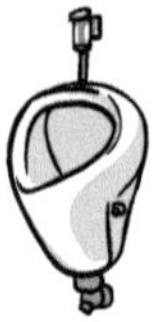

pissoir
писсуар

toiletpapir
туалетная бумага

toiletbørste
ершик

tandbørste

зубная щетка

tandpasta

зубная паста

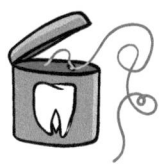

tandtråd

зубная нить

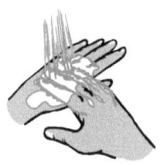

vaske

мыть

håndbruser

ручной душ

intimbruser

интимный душ

vaskefad

таз

badebørste

щетка для спины

sæbe

мыло

brusegele

гель для душа

shampoo

шампунь

vaskeklud

мочалка

afløb

сток

creme

крем

deodorant

дезодорант

spejl

зеркало

kosmetikspejl

ручное зеркало

barberhøvl

бритва

barberskum

пена для бритья

barbervand

лосьон после бритья

kam

расческа

børste

щетка

hårtørrer

фен

hårspray

лак для волос

makeup

косметика

læbestift

губная помада

neglelak

лак для ногтей

vat

вата

neglesaks

маникюрные ножницы

parfume

духи

toilettaske

косметичка

skammel

табуретка

vægt

весы

badekåbe

халат

gummihandsker

резиновые перчатки

tampon

тампон

damebind

гигиеническая прокладка

kemisk toilet

биотуалет

børneværelse
детская комната

vækkeur
будильник
bamse
мягкая игрушка
legetøjsbil
игрушечный автомобиль
skralde
погремушка
dukkehus
кукольный домик
gave
подарок

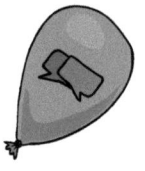

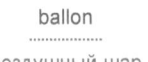

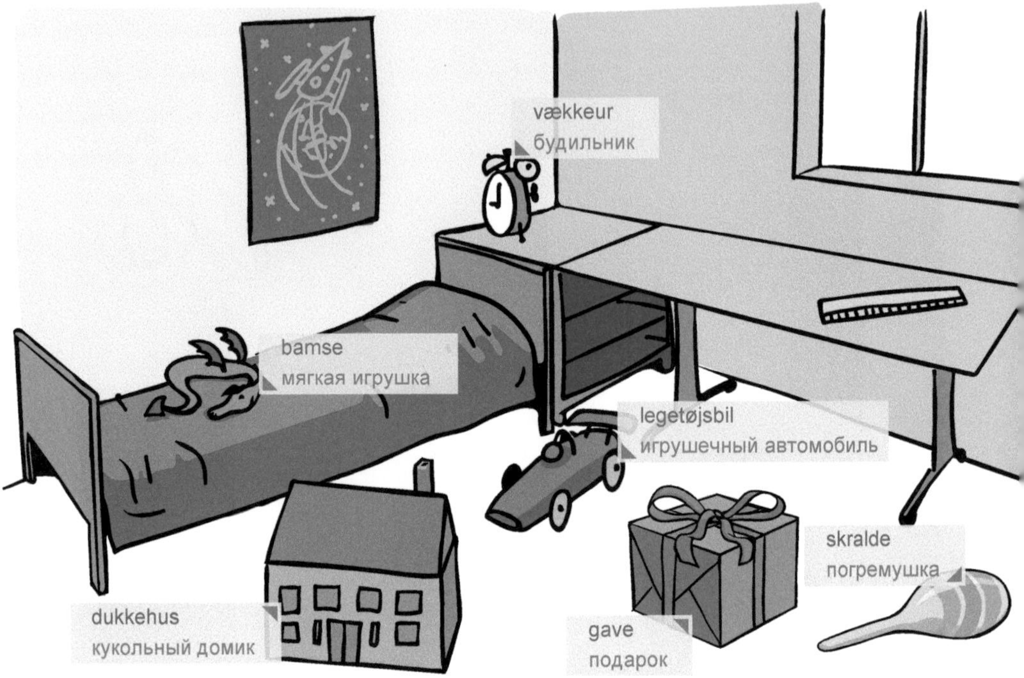

ballon

воздушный шар

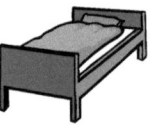

seng

кровать

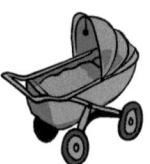

barnevogn

детская коляска

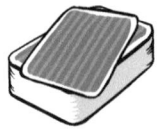

kortspil

карточная игра

puslespil

пазл

SUPER
MEGA

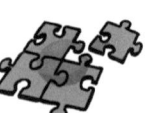

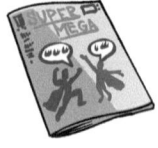

tegneserie

комикс

legoklodser

кирпичики Лего

byggeklodser

кубики

action figur

игрушечная фигурка

sparkedragt

ползунки

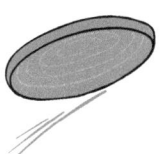

frisbee

фрисби

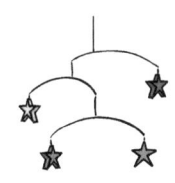

uro

мобиле

brætspil

настольная игра

terning

кубик

modeljernbane

модель железной дороги

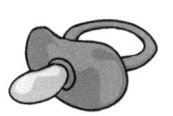

sut

соска

fest

вечеринка

billedbog

книга с картинками

bold

мяч

dukke

кукла

lege

играть

sandkasse

песочница

gynge

качели

legetøj

игрушка

spillekonsol

игровая приставка

trehjulet cykel

трёхколесный велосипед

bamse

плюшевый медвежонок

klædeskab

шкаф для одежды

tøj

одежда

sokker

носки

strømper

чулки

strømpebukser

колготки

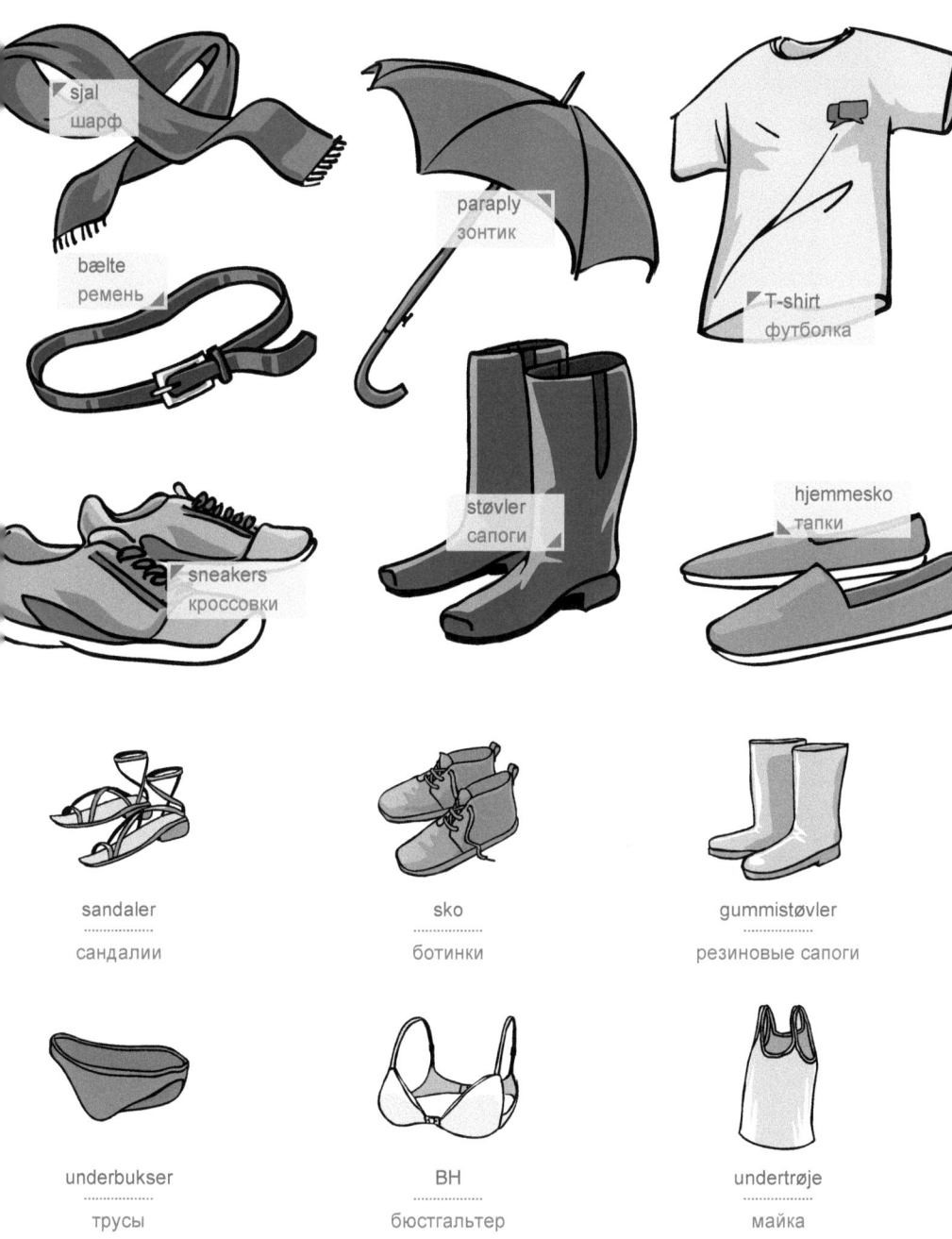

sjal
шарф

bælte
ремень

paraply
зонтик

T-shirt
футболка

sneakers
кроссовки

støvler
сапоги

hjemmesko
тапки

sandaler
сандалии

sko
ботинки

gummistøvler
резиновые сапоги

underbukser
трусы

BH
бюстгальтер

undertrøje
майка

body

боди

bukser

брюки

jeans

джинсы

nederdel

юбка

bluse

блузка

skjorte

рубашка

pullover

свитер

sweatshirt

свитер

blazer

спортивная куртка

jakke

жакет

frakke

пальто

regnfrakke

плащ

kostume

костюм

kjole

платье

brudekjole

свадебное платье

jakkesæt

мужской костюм

nattrøje

ночная сорочка

pyjamas

пижама

sari

сари

hovedtørklæde

платок

turban

тюрбан

burka

паранджа

kaftan

кафтан

abaya

абайя

badedragt

купальник

badebukser

плавки

korte bukser

шорты

træningsdragt

спортивный костюм

forklæde

фартук

handsker

перчатки

knap

пуговица

briller

очки

armbånd

браслет

kæde

цепочка

ring

кольцо

ørering

серьга

hue

шапка

bøjle

вешалка

hat

шляпа

slips

галстук

lynlås

застежка молния

hjelm

шлем

seler

подтяжки

skoleuniform

школьная форма

uniform

форма

hagesmæk

детский нагрудник

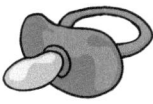

sut

соска

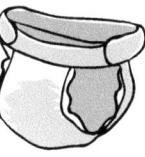

ble

подгузник

kontor
офис

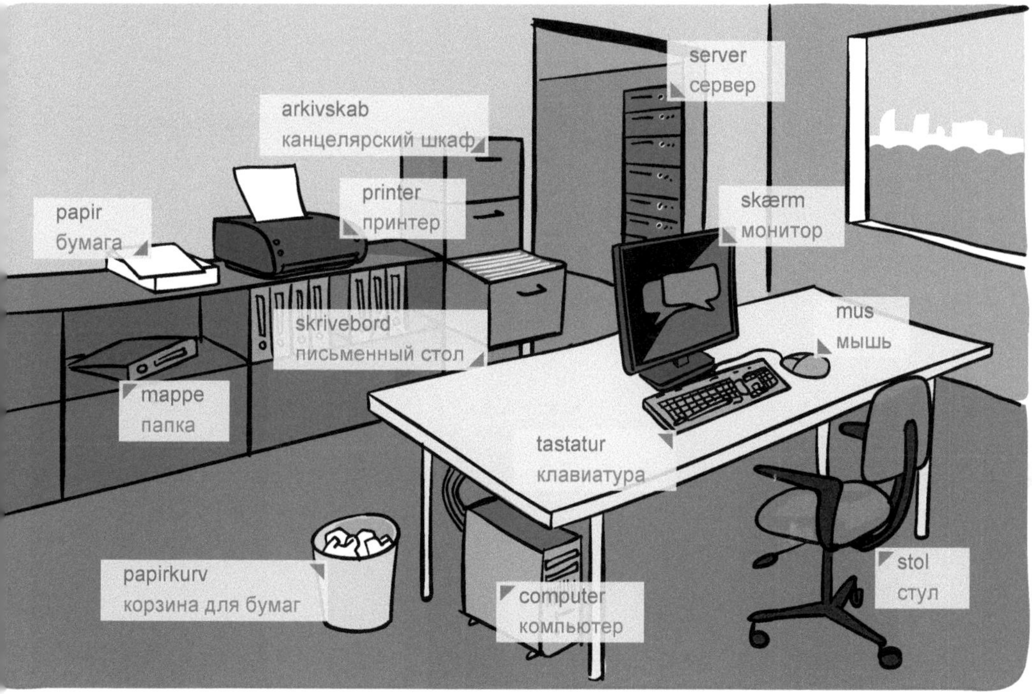

server
сервер

arkivskab
канцелярский шкаф

printer
принтер

papir
бумага

skærm
монитор

mus
мышь

skrivebord
письменный стол

mappe
папка

tastatur
клавиатура

papirkurv
корзина для бумаг

computer
компьютер

stol
стул

kaffekrus

кофейная кружка

lommeregner

калькулятор

internet

интернет

bærbar

ноутбук

brev

письмо

besked

сообщение

mobil

мобильный телефон

netværk

сеть

kopimaskine

ксерокс

software

программа

telefon

телефон

stikdåse

розетка

fax

факс

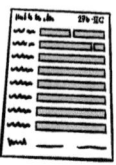

formular

формуляр

dokument

документ

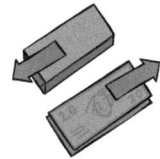

købe

покупать

betale

платить

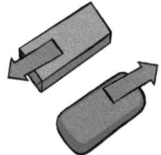

handle

торговать

penge

деньги

dollar

доллар

euro

евро

yen

иена

rubel

рубль

schweizerfranc

франк

renminbi yuan

жэньминьби юань

rupee

рупия

hæveautomat

банкомат

vekselkontor

пункт обмена валюты

guld

золото

sølv

серебро

olie

нефть

energi

энергия

pris

цена

kontrakt

договор

skat

налог

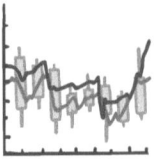

aktie

акция

arbejde

работать

ansat

служащий

arbejdsgiver

работодатель

fabrik

фабрика

butik

магазин

erhverv

профессии

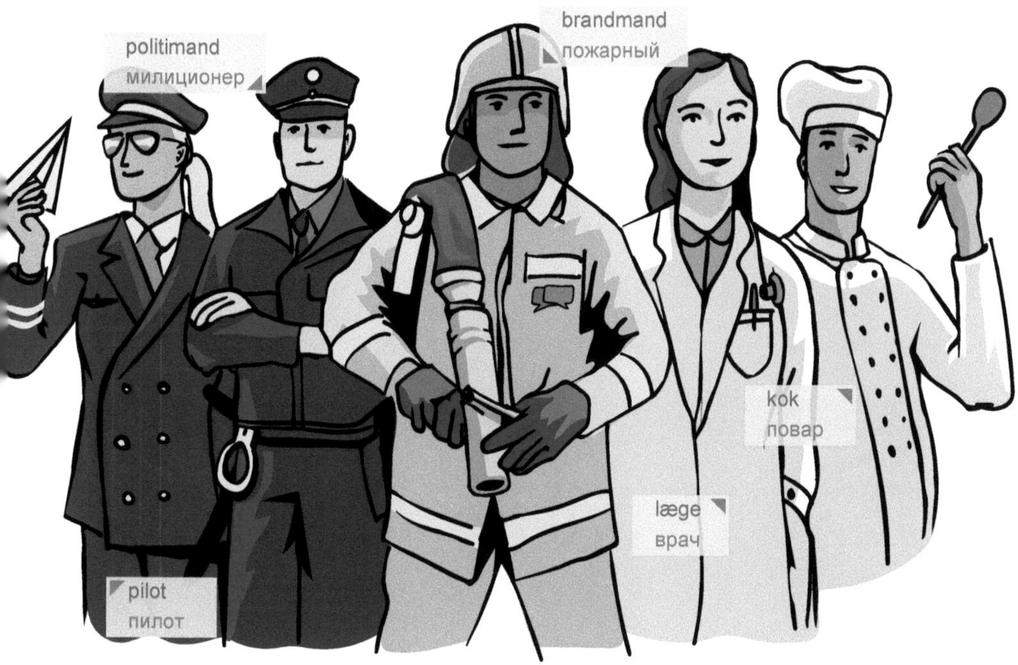
politimand
милиционер
brandmand
пожарный
kok
повар
læge
врач
pilot
пилот

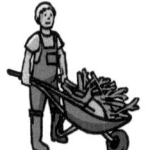

gartner

садовник

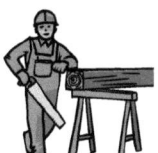

tømrer

столяр

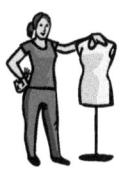

syerske

швея

dommer

судья

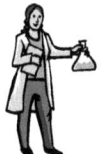

kemiker

химик

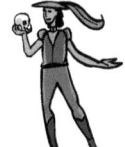

skuespiller

актёр

buschauffør

водитель автобуса

taxachauffør

таксист

fisker

рыбак

rengøringskone

уборщица

tagdækker

кровельщик

tjener

официант

jæger

охотник

maler

художник

bager

пекарь

elektriker

электрик

bygningsarbejder

строитель

ingeniør

инженер

slagter

мясник

vvs-mand

сантехник

postbud

почтальон

soldat

солдат

arkitekt

архитектор

kasserer

кассир

blomsterhandler

флорист

frisør

парикмахер

togfører

кондуктор

mekaniker

механик

kaptajn

капитан

tandlæge

зубной врач

videnskabsmand

ученый

rabbiner

раввин

imam

имам

munk

монах

præst

священник

værktøj

инструменты

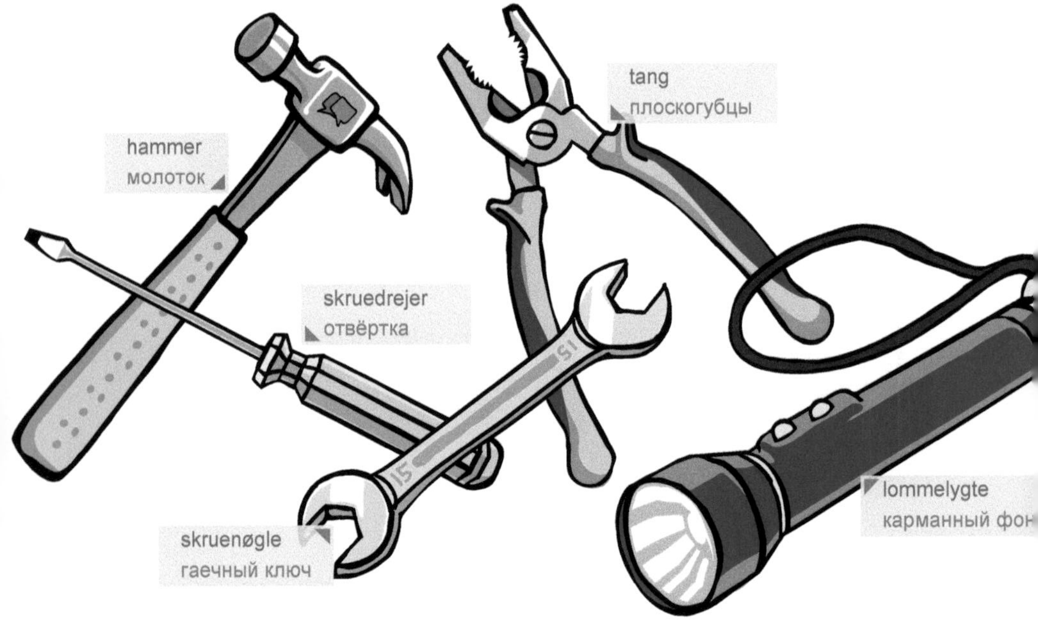

tang
плоскогубцы
hammer
молоток
skruedrejer
отвёртка
lommelygte
карманный фон
skruenøgle
гаечный ключ

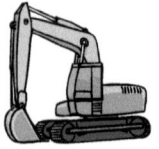

gravemaskine

экскаватор

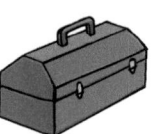

værktøjskasse

ящик для инструментов

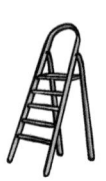

stige

стремянка

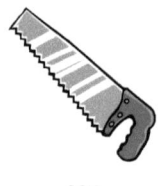

sav

пила

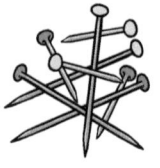

søm

гвозди

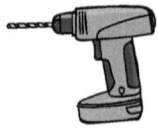

bor

дрель

reparere

ремонтировать

skovl

лопата

Lort!

Блин!

fejebakke

совок

malerspand

ведро с краской

skruer

винты

musikinstrumenter
музыкальные инструменты

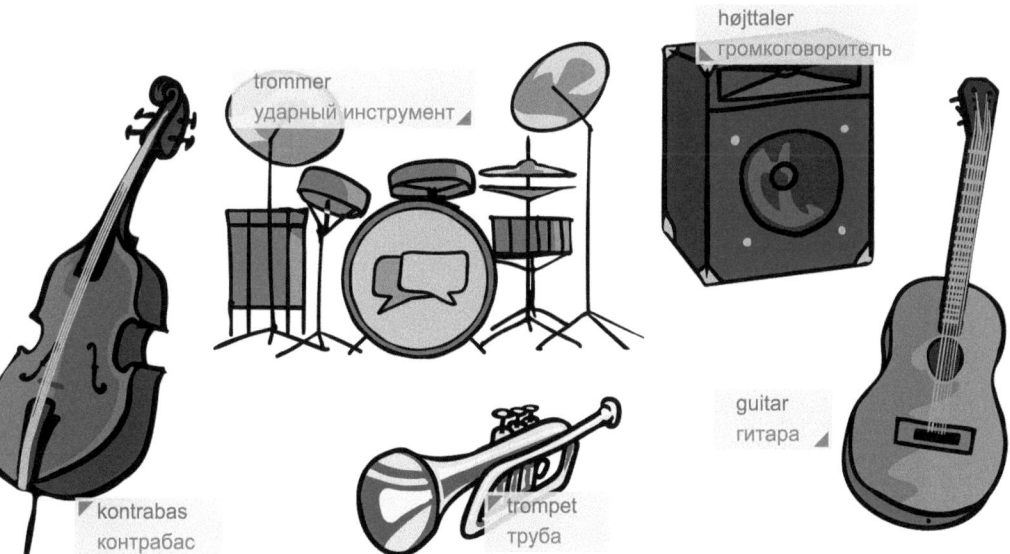

trommer
ударный инструмент

højttaler
громкоговоритель

guitar
гитара

kontrabas
контрабас

trompet
труба

klaver

пианино

violin

скрипка

bas

бас-гитара

pauke

литавры

tromme

барабан

keyboard

синтезатор

saxofon

саксофон

fløjte

флейта

mikrofon

микрофон

zoo
зоопарк

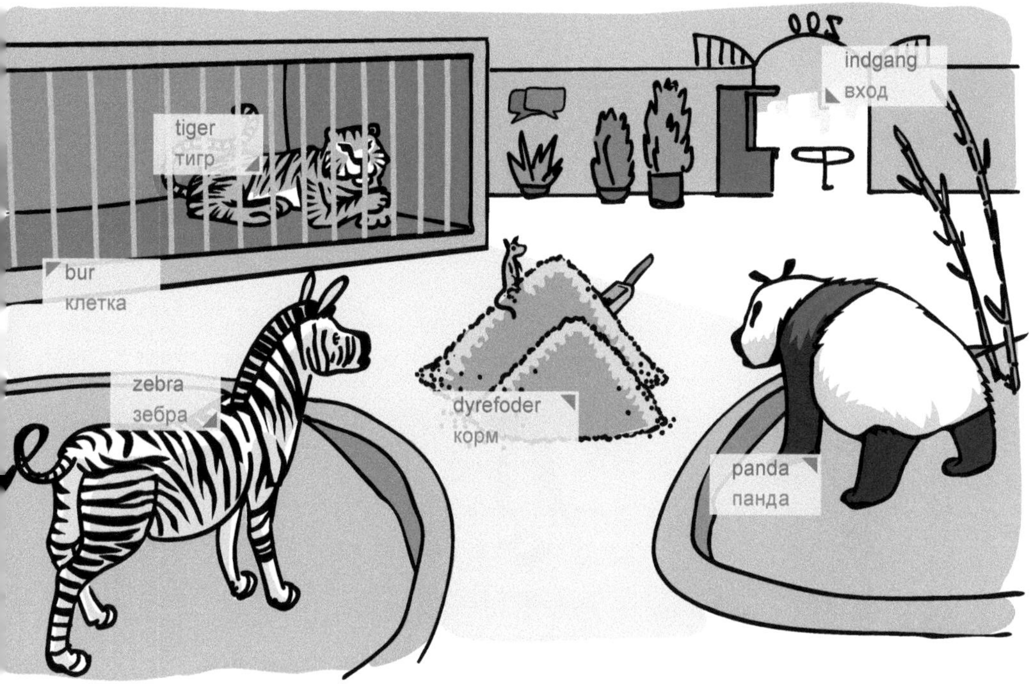

zoo
indgang
вход
tiger
тигр
bur
клетка
zebra
зебра
dyrefoder
корм
panda
панда

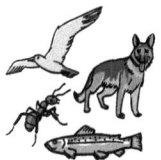

dyr

животные

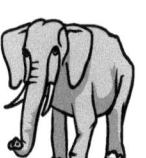

elefant

слон

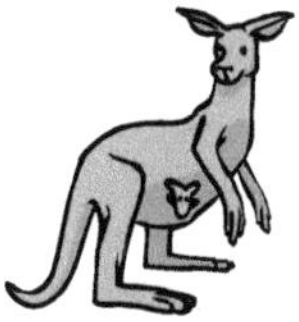

kænguru

кенгуру

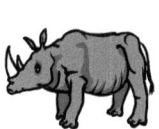

næsehorn

носорог

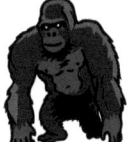

gorilla

горилла

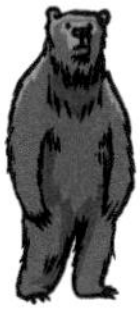

bjørn

медведь

kamel

верблюд

struds

страус

løve

лев

abe

обезьяна

flamingo

фламинго

papegøje

попугай

isbjørn

белый медведь

pingvin

пингвин

haj

акула

påfugl

павлин

slange

змея

krokodille

крокодил

dyrepasser

служитель зоопарка

sæl

тюлень

jaguar

ягуар

pony

пони

leopard

леопард

flodhest

бегемот

giraf

жираф

ørn

орёл

vildsvin

кабан

fisk

рыба

skildpadde

черепаха

hvalros

морж

ræv

лиса

gazelle

газель

amerikansk football
американский футбол

cykling
езда на велосипеде

tennis
теннис

basketball
баскетбол

svømning
плавание

boksning
бокс

ishockey
хоккей

fodbold
футбол

badminton
бадминтон

atletik
лёгкая атлетика

håndbold
гандбол

skiløb
лыжный спорт

polo
поло

aktiviteter
действия

grine
смеяться
springe
прыгать
give et knus
обнимать
gå
идти
synge
петь
drømme
мечтать
bede
молиться
kysse
целовать

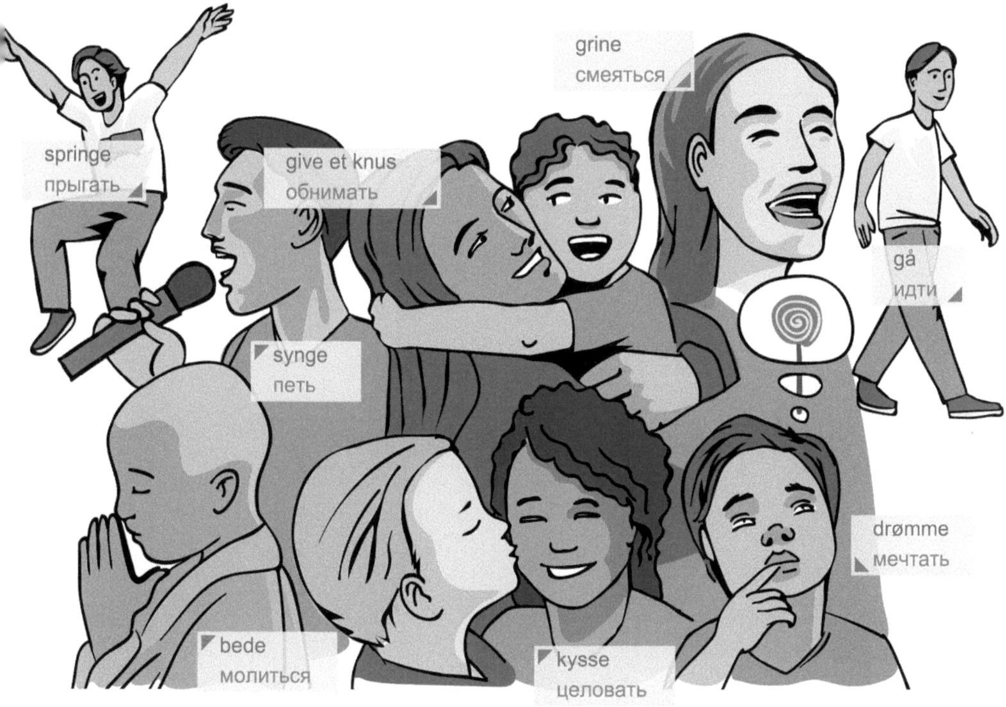

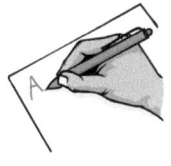

skrive

писать

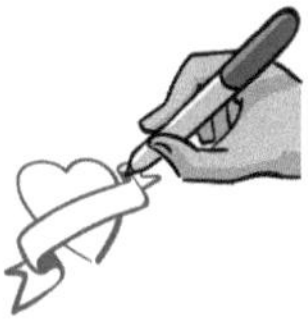

tegne

рисовать

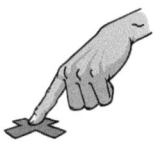

vise

показывать

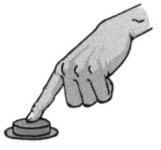

skubbe

нажимать

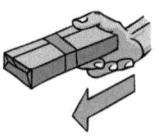

give

давать

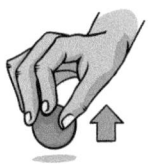

tage

брать

have

иметь

gøre

делать

være

быть

stå

стоять

løbe

бежать

trække

тянуть

kaste

бросать

falde

падать

ligge

лежать

vente

ждать

bære

носить

sidde

сидеть

tage på

надевать

sove

спать

vågne

просыпаться

se på
рассматривать

græde
плакать

ae
гладить

kæmme
причесывать

tale
говорить

forstå
понимать

spørge
спрашивать

høre
слушать

drikke
пить

spise
кушать

rydde op
наводить порядок

elske
любить

koge
готовить

køre
ехать

flyve
летать

sejle

ходить под парусом

regne

считать

læse

читать

lære

учиться

arbejde

работать

gifte sig med

вступать в брак

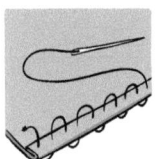

sy

шить

børste tænder

чистить зубы

dræbe

убивать

ryge

курить

sende

отправлять

bedstemor
бабушка

bedstefar
дедушка

far
папа

mor
мама

baby
младенец

datter
дочь

søn
сын

gæst

гость

tante

тетя

onkel

дядя

bror

брат

søster

сестра

krop

тело

pande
лоб
øje
глаз
skulder
плечо
finger
палец
ansigt
лицо
hage
подбородок
hånd
кисть
ben
нога
bryst
грудь
arm
рука

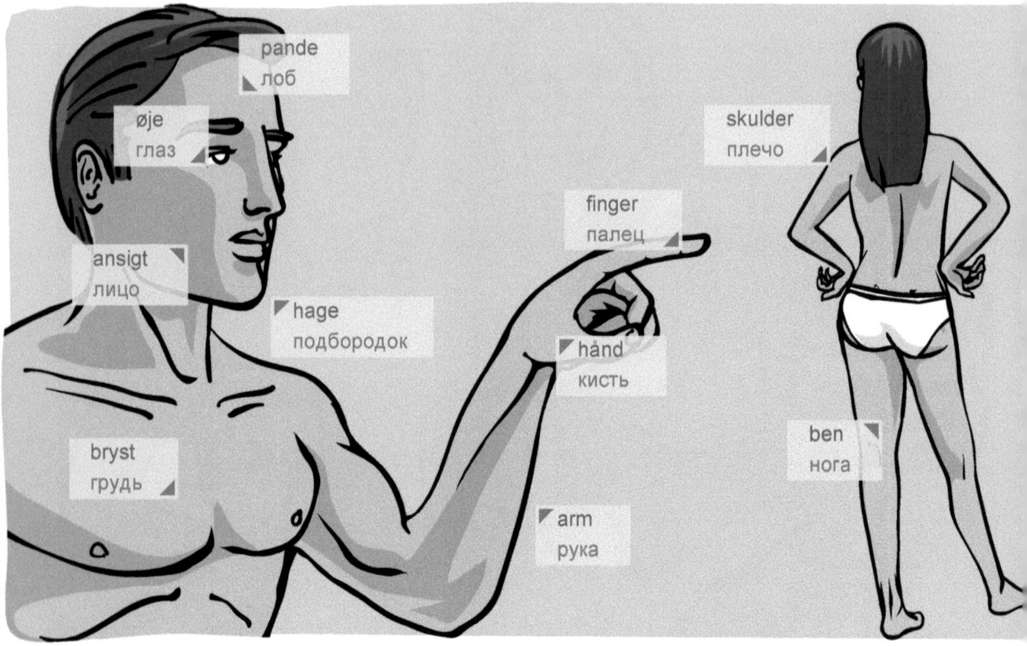

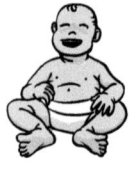

baby
младенец

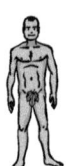

mand
мужчина

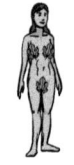

kvinde
женщина

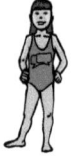

pige
девочка

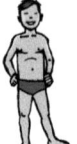

dreng
мальчик

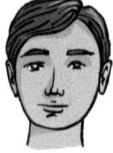

hoved
голова

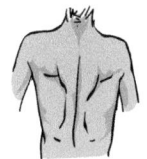

ryg

спина

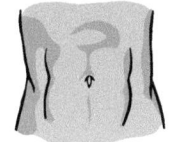

mave

живот

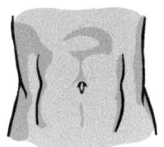

navle

пупок

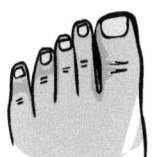

tå

палец ноги

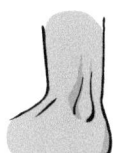

hæl

пятка

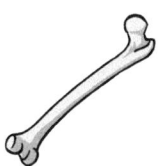

knogle

кость

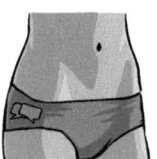

hofte

бедро

knæ

колено

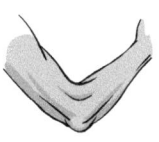

albue

локоть

næse

нос

bagdel

ягодицы

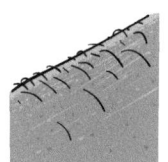

hud

кожа

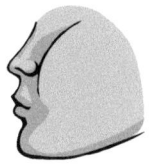

kind

щека

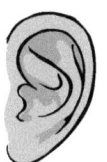

øre

ухо

læbe

губа

krop - тело

mund

рот

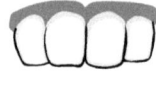

tand

зуб

tunge

язык

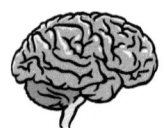

hjerne

мозг

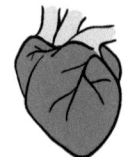

hjerte

сердце

muskel

мышца

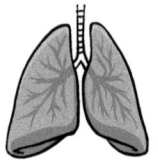

lunge

лёгкое

lever

печень

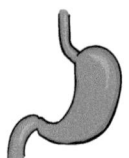

mavesæk

желудок

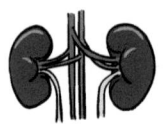

nyrer

почки

sex

половой акт

kondom

презерватив

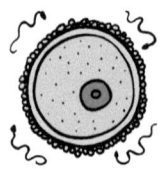

ægcelle

яйцеклетка

sperm

сперма

svangerskab

беременность

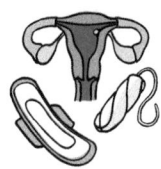

menstruation

менструация

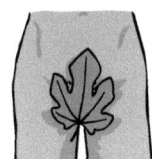

vagina

вагина

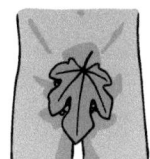

penis

пенис

øjenbryn

бровь

hår

волосы

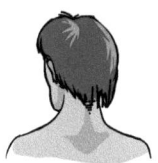

hals

шея

sygehus
больница

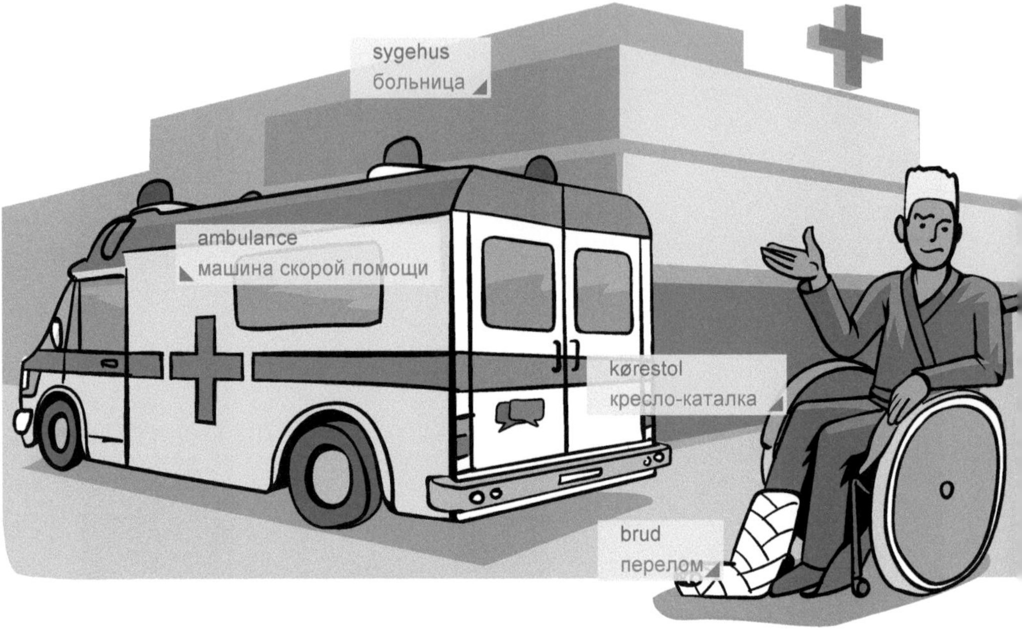

sygehus
больница
ambulance
машина скорой помощи
kørestol
кресло-каталка
brud
перелом

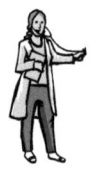

lægе

врач

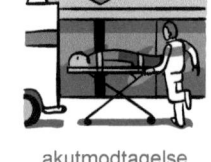

akutmodtagelse

пункт первой помощи

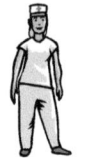

sygeplejerske

медсестра

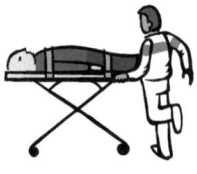

nødstilfælde

неотложный случай

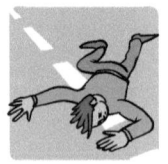

bevidstløs

без сознания

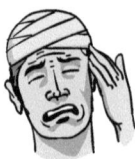

smerte

боль

skade

повреждение

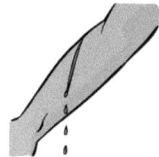

blødning

кровотечение

hjerteinfarkt

инфаркт

slagtilfælde

инсульт

allergi

аллергия

hoste

кашель

feber

повышенная температура

influenza

грипп

diarré

понос

hovedpine

головная боль

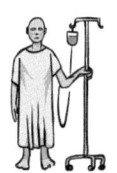

kræft

рак

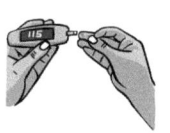

diabetes

диабет

kirurg

хирург

skalpel

скальпель

operation

операция

CT
KT

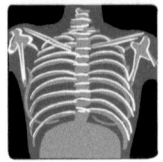

røntgen
рентген

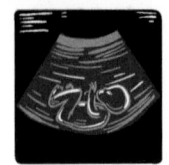

ultralyd
ультразвук

maske
маска

sygdom
болезнь

venteværelse
приёмная

krykke
костыль

plaster
пластырь

forbinding
бинт

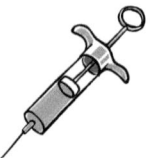

injektion
укол

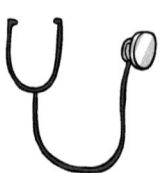

stetoskop
стетоскоп

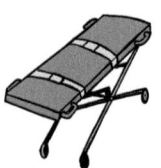

båre
носилки

termometer
термометр

fødsel
рождение

overvægt
избыточный вес

høreapparat

слуховой аппарат

desinficerende middel

дезинфекционное средство

infektion

инфекция

virus

вирус

HIV / AIDS

ВИЧ / СПИД

medicin

лекарство

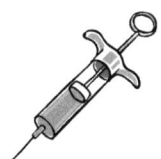

vaccination

прививка

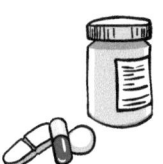

tabletter

таблетки

pille

противозачаточная таблетка

nødopkald

экстренный вызов

blodtryksmåler

прибор для измерения кровяного давления

syg / rask

больной / здоровый

Hjælp!

Помогите!

overfald

нападение

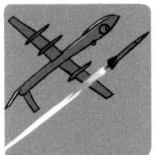

angreb

атака

fare

опасность

alarm

сигнал тревоги

nødudgang

запасной выход

Det brænder!

Пожар!

uheld

несчастный случай

ildslukker

огнетушитель

førstehjælps-kuffert

аптечка

SOS

SOS

politi

милиция

Europa

Европа

Nordamerika

Северная Америка

Sydamerika

Южная Америка

Afrika

Африка

Asien

Азия

Australien

Австралия

Atlanterhavet

Атлантический океан

Stillehavet

Тихий океан

Indiske Ocean

Индийский океан

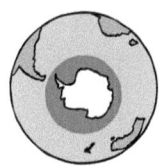

Sydlige Ishav

Антарктический океан

Ishav

Северный Ледовитый океан

Nordpol

Северный полюс

Sydpol

Южный полюс

Antarktis

Антарктика

Jorden

земля

land

суша

hav

море

ø

остров

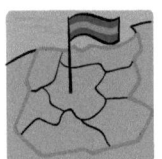

nation

нация

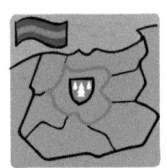

stat

государство

urskive

циферблат

timeviser

часовая стрелка

minutviser

минутная стрелка

sekundviser

секундная стрелка

Hvad er klokken?

Который час?

dag

день

tid

время

nu

сейчас

digitalur

электронные часы

minut

минута

time

час

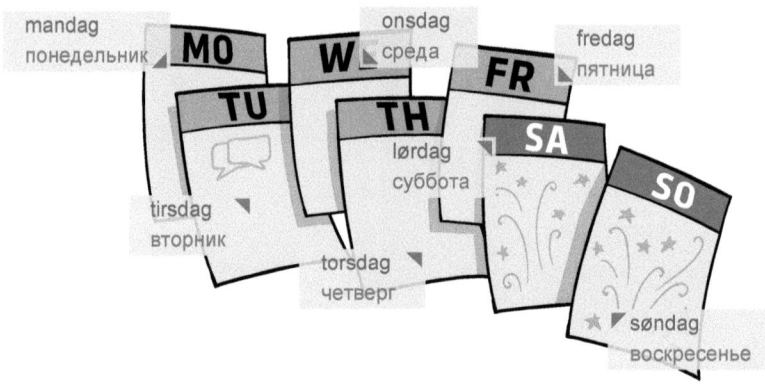

mandag
понедельник

onsdag
среда

fredag
пятница

tirsdag
вторник

torsdag
четверг

lørdag
суббота

søndag
воскресенье

i går

вчера

i dag

сегодня

i morgen

завтра

morgen

утро

middag

полдень

aften

вечер

arbejdsdage

рабочие дни

weekend

выходные

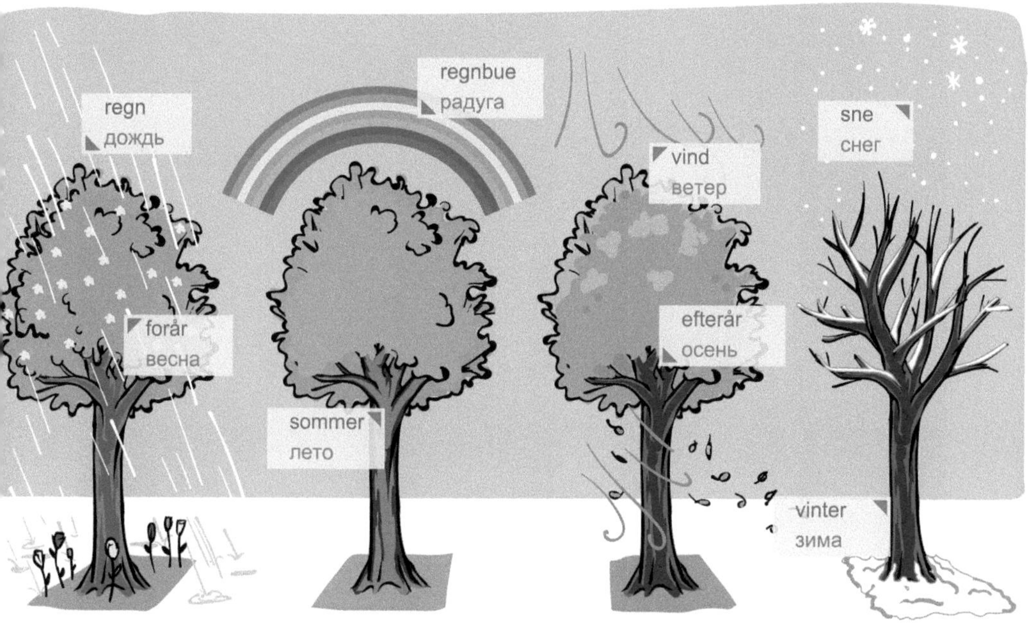

regn
дождь
regnbue
радуга
vind
ветер
sne
снег
forår
весна
sommer
лето
efterår
осень
vinter
зима

4.APRIL 11°
5.APRIL 4°
6.APRIL 13°
7.APRIL 8°
8.APRIL 10°

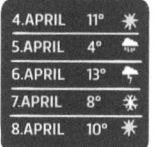

vejrudsigt

прогноз погоды

F
C
120
90
60
30
0
-30
40
30
20
10
0
-10
-20

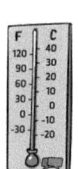

termometer

термометр

solskin

солнечный свет

sky

туча

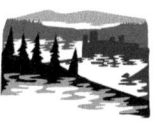

tåge

туман

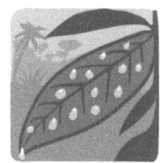

luftfugtighed

влажность воздуха

lyn

молния

torden

гром

storm

буря

hagl

град

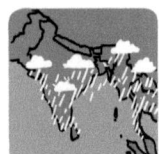

monsun

муссон

flod

наводнение

is

лёд

januar

январь

februar

февраль

marts

март

april

апрель

maj

май

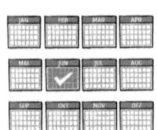

juni

июнь

juli

июль

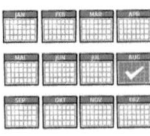

august

август

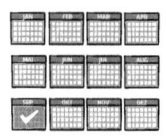

september

сентябрь

oktober

октябрь

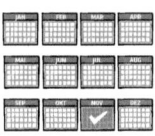

november

ноябрь

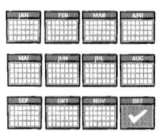

december

декабрь

former
формы

cirkel

круг

kvadrat

квадрат

firkant

прямоугольник

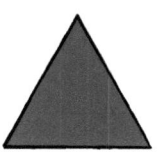

trekant

треугольник

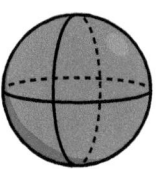

kugle

шар

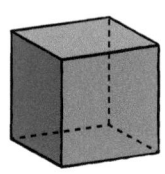

terning

куб

hvid
белый

gul
желтый

orange
оранжевый

pink
розовый

rød
красный

lilla
лиловый

blå
синий

grøn
зелёный

brun
коричневый

grå
серый

sort
черный

meget / lidt

много / мало

rasende / fredelig

яростный / мирный

smuk / grim

красивый / уродливый

begyndelse / slut

начало / конец

stor / lille

большой / маленький

lys / mørk

светлый / темный

bror / søster

брат / сестра

ren / snavset

чистый / грязный

fuldkommen / ufuldkommen

полный / неполный

dag / nat

день / ночь

død / levende

мёртвый / живой

bred / smal

широкий / узкий

spiselig / uspiselig

съедобный / несъедобный

vred / venlig

злой / дружелюбный

ophidset / kedet

взволнованный / скучающий

tyk / tynd

толстый / худой

først / sidst

сначала / в конце

ven / fjende

друг / враг

fuld / tom

полный / пустой

hård / blød

твёрдый / мягкий

tung / let

тяжёлый / легкий

sult / tørst

голод / жажда

syg / rask

больной / здоровый

illegal / legal

незаконный / законный

intelligent / dum

умный / глупый

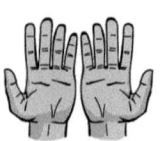

venstre / højre

слева / справа

nær / fjern

близко / далеко

ny / brugt

новый / подержанный

intet / noget

ничто / нечто

gammel / ung

старый / молодой

tændt / slukket

включено / выключено

åben / lukket

открыто / закрыто

stille / højt

тихо / громко

rig / fattig

богатый / бедный

rigtig / forkert

правильный /
неправильный

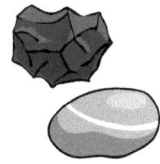

ru / glat

шероховатый / гладкий

ked af det / lykkelig

печальный / счастливый

kort / lang

короткий / длинный

langsom / hurtig

медленный / быстрый

våd / tør

мокрый / сухой

varm / kold

тёплый / прохладный

krig / fred

война / мир

0

nul

ноль

1

en

один

2

to

два

3

tre

три

4

fire

четыре

5

fem

пять

6

seks

шесть

7

syv

семь

8

otte

восемь

9

ni

девять

10

ti

десять

11

elleve

одиннадцать

12

tolv

двенадцать

13

tretten

тринадцать

14

fjorten

четырнадцать

15

femten

пятнадцать

16

seksten

шестнадцать

17

sytten

семнадцать

18

atten

восемнадцать

19

nitten

девятнадцать

20

tyve

двадцать

100

hundrede

сто

1.000

tusinde

тысяча

1.000.000

million

миллион

tal - цифры

engelsk

английский

amerikansk engelsk

американский английский

kinesisk mandarin

мандаринский китайский

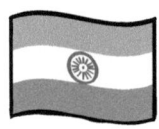

hindi

хинди

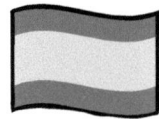

spansk

испанский

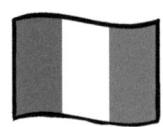

fransk

французский

arabisk

арабский

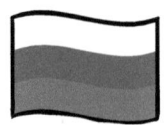

russisk

русский

portugisisk

португальский

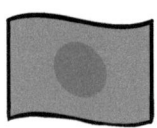

bengalsk

бенгальский

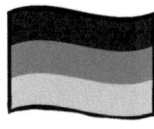

tysk

немецкий

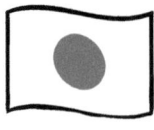

japansk

японский

jeg

я

du

ты

han / hun / den / det

он / она / оно

vi

мы

I

вы

de

они

hvem?

кто?

hvad?

что?

hvordan?

как?

hvor?

где?

hvornår?

когда?

navn

имя

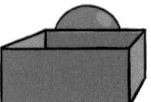

bag
....
за

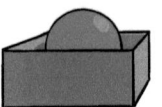

i
....
в

foran
....
перед

over
....
над

på
....
на

under
....
под

ved siden af
....
рядом

imellem
....
между

sted
....
место